Hasen oder Hühner?

Das große Eierduell

Erzählt von Dorothea Ackroyd
Mit Bildern von Katrin Grothusen

CARLSEN

Auf dem Hühnerhof ist einiges los. Die Zwillingshasen Beverly und Benjamin reden gerade auf die Hennen Martha, Lena und Lotta ein.
»Ich habe nicht gesagt, ihr müsst mitkommen – ich habe euch gebeten mitzukommen, das ist ein Unterschied«, sagt Beverly Hase gerade.
»Wenn man mit uns nicht freundlich ist, können wir keine Eier legen«, meint Martha, das Huhn.
»Weshalb sollen wir Hennen denn überhaupt mit euch mitkommen?«, fragt Lotta.
»Also noch mal«, sagt Benjamin Hase, »unsere Oberhäsin Zoe hat sich den Fuß verstaucht, aber sie will bei unserer Besprechung mit euch unbedingt dabei sein.«
»Wir können auch alles mit euch beiden besprechen«, meint Lena.
»Zoe, was ist denn das überhaupt für ein Name!«
»Ihr Hühner könnt doch wohl mal ein paar Schritte zu Fuß gehen«, sagt Beverly Hase.

»Was ist los?«, fragt der Hahn.
»Nichts, Egbert«, sagt Martha.
»Wieso sollen wir irgendwo hingehen?«, schimpft Lena.
»Wir Hennen sind Ostern die Hauptpersonen, ihr braucht unsere Eier, also kommt ihr gefälligst zu uns und basta.«

»Wer sind Ostern wohl die Hauptpersonen,
he?«, fragt Beverly Hase. »Die Hasen!
Deshalb heißt es ja auch Osterhase! Hat hier
jemand schon mal von Osterhennen gehört?« – »Ich nicht«, sagt Beverly Hase.
»Ist was los? Braucht ihr mich?«, fragt der Hahn.
»Lass mal, Egbert«, sagt Martha. »Also nun mal ganz ruhig.«

Sie überlegt: »Ohne Hennen gibt's keine Eier, keine Ostereier also. Ohne Ostereier gibt's also auch kein Ostern. Das heißt: Ohne Hennen gibt's kein Ostern.« – »Gut, Martha«, meint Lotta.
»Ich bin nämlich nicht dumm«, sagt Martha.
»Wir alle nicht«, sagt Lena.
»Aber ohne Hasen gibt's niemanden, der die Eier bemalt«, meint Beverly Hase.
»Also gibt's dann auch keine Ostereier«, ruft Benjamin Hase.

»Und wir transportieren die Eier ja auch«, sagt Beverly Hase, »also gibt's ohne Hasen auch kein Ostern.«
»Hasen müssen also zwei Sachen machen: die Eier bemalen und sie den Kindern bringen«, meint Benjamin. »Ihr müsst die Eier nur legen, und das macht ihr ja sowieso!«
»Wer ist also wichtiger, hm? Hasen oder Hennen?«, fragt Beverly.

»Worum geht es hier eigentlich?«, fragt der Hahn.
»Geht überhaupt was in dein blödes Hahnhirn rein?«, fragt Beverly.
»Ganz ruhig, Egbert«, sagt Martha, »denk an deinen Blutdruck.«
»Liebe Hasen«, ruft sie böse, »beschimpfen lassen wir uns schon gar nicht – ihr Trampeltiere habt ja keine Ahnung, wie empfindlich wir Hennen sind.«
»Aber manche Sachen kann man noch so oft sagen, sie gehen nicht in eure langen Ohren. Ich glaube, ihr geht jetzt mal!«, sagt Lena zu den Hasen.

Wütend laufen Beverly und Benjamin zu ihrem großen Hasenbau zurück. Dort wartet Zoe. »Na?«, fragt sie. »Kommen die Hennen?«
»Nein«, sagt Benjamin und erzählt alles.
»Also gibt's diesmal kein Ostern«, murmelt Beverly.
»Blödsinn«, ruft Zoe, »wir müssen nachdenken. Was könnten wir den Kindern zu Ostern bringen? Anstatt der Eier?«
»Sehr saftige Grasbüschel«, sagt Maxi, ein sehr kleiner Hase.
»Das schmeckt den Kindern nicht«, meint Zoe.
»Beeren«, schlägt Eddy, ein anderer Hase, vor.
»Wir wissen nicht, welche Beeren für Kinder gut sind und welche nicht«, überlegt Zoe.
»Vorsicht, Fuchs!«, ruft auf einmal Benjamin.

Alle verschwinden im Hasenbau, die große Fuchsnase schnüffelt vergeblich am Eingang.
»Überlegen wir hier unten weiter«, schlägt Zoe vor.
»Schöne Blumen finden Kinder auch schön«, sagt die Häsin Tiffany.
»Das wäre eher was«, meint Zoe.
»Schöne Steine, von Eichhörnchen vergessene Haselnüsse, Vogelfedern, leere Schneckenhäuser«, schlägt Beverly vor.
»Ja«, sagt Zoe, »das dürfte erst mal reichen.«
Sie schnuppert. »Der Fuchs ist weg«, sagt sie.

Fünf Tage später kommt Beverly atemlos herbeigehoppelt.
»Ich war heimlich bei den Hennen«, kichert sie, »die haben Eier gelegt und sie haben Farben besorgt, einige Eier sind schon etwas bemalt, das sieht ja vielleicht aus!«
»Wo sind die Eier denn?«, fragt Benjamin.
»Da liegt ein Haufen Eier einfach so im Hühnerhof«, berichtet Beverly.
»Ich weiß was«, sagt Benjamin. »Heute Nacht, wenn die Hennen schlafen, malen wir heimlich die Eier an. Das Tor ist jetzt offen.«
»Fabelhafte Idee!«, ruft Zoe. »Wieso das denn?«, fragt Tiffany.
»Denkt doch an die Kinder«, sagt Zoe.
»Schade, dass ich hierbleiben muss.«
»Sollen wir die angemalten Eier auch gleich mitnehmen?«, fragt Benjamin. »Auf keinen Fall!«, sagt Zoe. »Ich bin doch sehr gespannt, wie sich die Hennen den Transport vorstellen.«

Nachts schleicht sich der Hasentrupp an den Eierhaufen. Die Hasen malen so viele an wie möglich. Einmal muss Tiffany niesen. Einmal fällt ein Farbeimer mit Getöse um.

Mehrfach ruft das Waldkäuzchen, um die Hennen zu wecken, aber die schlafen. Bis der Hahn aufwacht und aus dem Hühnerhaus herausschaut.

»Da sind Hasen, die malen Eier an«, sagt er.

»Schlaf schön weiter, Egbert«, sagt Martha.

Zu Hause in ihrem Bau können die Hasen gar nicht aufhören zu erzählen, wie viel Spaß das Eiermalen gemacht hat und wie spannend es war.
»Heute Nacht gehen wir wieder hin«, sagt Beverly Hase. »Es sind noch einige Eier zu bemalen.«
»Ich will mit, ich muss das sehen«, ruft Zoe, die Oberhäsin.
»Aber du humpelst doch«, sagt Tiffany.
»Ihr tragt mich eben ein bisschen«, schmunzelt Zoe.
So malt sogar die Oberhäsin nachts im Hühnerhof noch Eier an.
»Eigentlich sind jetzt alle Eier fertig«, sagt Zoe, als mit einem Mal die Hühner in den Hühnerhof stürmen.
»So eine Frechheit!«, ruft Lotta.
»Einfach unerlaubt unsere Eier zu bemalen!«, schreit Lena.
»Was soll ich tun?«, fragt der Hahn.
»Gar nichts, Egbert, gar nichts«, sagt Martha.
»Schämt ihr euch gar nicht, hier heimlich hereinzukommen und unsere Farben zu benutzen, ihr blöden Hasen!«, schimpft Lena weiter.
»Jetzt könnt ihr die Eier auch mitnehmen und den Kindern bringen«, ruft Martha.
»Jetzt wollen wir sie nicht mehr!«

»Das kommt euch doch gerade recht«, sagt Zoe. »Ihr wollt ja, dass wir die Eier den Kindern bringen, stimmt's? Da seid ihr aber erleichtert!« Martha, Lena und Lotta können nicht ernst bleiben.
»Stimmt«, grinsen sie.
»Und heute habt ihr gewartet, bis wir mit dem Malen fertig sind«, lacht Zoe, »weil wir Hasen das besser können.«
»Stimmt auch«, lachen die Hennen mit.

»Vorsicht, der Fuchs!«, ruft eine Henne. »Er ist da hinten.« Die Hasen werden kreidebleich um die Schnauze, alle denken nur eins: Zoe!

»Zoe kann nicht richtig laufen. Und wer sie trägt, ist auch nicht schnell genug!«, ruft Beverly Hase.
»Lauft!«, ruft Zoe den Hasen zu.